Gisela Reinger
geb. Holstein

79588 Istein

D1726418

August Guido Holstein

Windspiele

Lyrische Texte

Tusche-Zeichnungen
Andreas Holstein

OSL

© 2005 OSL Verlag – Offene Szene Literatur
Verlag für Literatur und Kunst
Gisela K. Wolf, Basel/Riehen
Umschlagbild: Tusche-Zeichnung von Andreas Holstein
Druck: Dietrich AG, CH 4019 Basel
Dieses Werk ist urheberrechtlich geschützt.
Alle Rechte der Fotokopie sowie die Verwendung in
elektronischen und multimedialen Medien bleiben vorbehalten.
Alle Abdrucksrechte bleiben beim Autor.
ISBN-13: 978-3-9523004-1-1
ISBN-10: 3-9523004-1-1

August Guido Holstein

Windspiele

Lyrische Texte

Tusche-Zeichnungen
Andreas Holstein

OSL

AUGUST GUIDO HOLSTEIN –
EIN MEISTER DER POLARITÄTEN
UND PARADOXIEN

Der Hoteliersohn August Guido Holstein war nach seinen Studien in Paris, Zürich, Genf und Basel als Bezirkslehrer im Kanton Aargau tätig. Daneben war er aber schon immer rege im Kulturbereich engagiert, sowohl als Historiker, Kulturjournalist, Romancier wie als Lyriker. Lange Zeit war er Präsident der Literarischen Gesellschaft Baden und seit vielen Jahren ist er schon im Vorstand des ZSV (Zürcher Schriftsteller-/Innen Verbandes) und arbeitet als Lektor für die Pro Lyrica.

Sein literarisches Schreiben – sei es in Prosa wie in der Lyrik – fasziniert durch die flammende Vorstellungskraft. Er schreibt unterhaltend – aber nicht nur. Fiktion – aber nicht nur. Rhythmisch und melodiös, aber nicht leichtfüssig-süffig. Nein: nachhaltend, präzis, bilderreich, witzig, manchmal auch leicht satirisch. Er liebt Assoziationen, Polaritäten, Paradoxien, die Natur, die Elemente und das Märchenhafte, Eigenwillige. Er ist ein Autor mit einer eigenen Aussage und besonderen Themen.

Weitab vom Mainstream hat August Guido Holstein in den letzten 20 Jahren ein umfangreiches Werk geschaffen, dem er nun mit diesem, seinem vierten Lyrikband «Windspiele» ein weiteres beifügt und mit dem er ein weiteres Mal überrascht und beglückt.

Ernst Schlatter

Ernst Schlatter ist Schriftsteller, Kulturjournalist und seit 2002 Präsident des ZSV (Zürcher Schriftsteller-/Innen Verbandes)

NOTATE ZU «WINDSPIELE»

Der Gedichtband «Windspiele» von August Guido Holstein soll an seinen ersten Gedichtband erinnern, der 1986 unter dem Titel «Wind auf Fahrt» erschienen ist.

Für beide Bücher schuf Andreas Holstein, Sohn des Autors, Bilder, es sind keine eigentlichen Illustrationen im herkömmlichen Sinne, sondern der Lyrik intuitiv nachempfundene Tuschezeichnungen.

«Windspiele» ist des Autors vierter Lyrikband. Der erste «Wind auf Fahrt» bezeichnet er als den der *Einfachheit,* den zweiten «Windmessstäbe» (1990) als den des *Existentiellen,* den umfangreichen dritten «Der Berg geht zum Meer» (2001) als den des *Beobachtenden.*

«Windspiele» nimmt nun die Themen dieser vorangehenden Bände erneut auf, so wird im Kapitel *Gras wächst auf dem Dach* die Ebene der Natur angesprochen, im Kapitel *Traumteppiche* klingen Gedichte aus den «Windmessstäben» an.

Doch, tonangebend war und ist für den Autor vor allem das Thema *Humor,* das im 1. Kapitel «Lachen im Wind» aber auch im 4. Kapitel «Himmelskunde» zum Ausdruck kommt.

Dieser dem Autor eigene Humor ist nicht gleichzusetzen mit einem vordergründig Amüsieren-wollen, sondern gleicht Assoziationsspielen, ganz dem Gedicht des Buchtitels entsprechend, in dem die drei letzten Zeilen lauten:

Tanzt, liebkost
bewegt unsere Sinne
vor allem aber unsern Geist.

LACHEN IM WIND

LACHEN IM WIND

Diese Winde
neugierig und habgierig
auf jedes Lachen

tragen es sogleich fort
wie weisse Luftballone
in die himmelblaue Luft.

Unbekannt das Götterufer
bei dem sie landen
gezählt und registriert

zur weitern Rettung
unserer Welt
nun werden.

Denn solltet ihr
zu wenig lachen
dann wäre die Lage ernst.

Es würde beraten, bewogen
ob diese Einrichtung belassen
oder die Kugel zu verändern sei.

Menschen und Erde seien tolerierbar
solange unser Lachen
ans Jenseitsufer schwebe.

DIE ZEIT

Rennt die Zeit
der Nas voraus
bleibst du stets dahinter
kneifst und keifst
es bleibt dabei
die Zeit, sie eilt vor dir
eine Nasenlänge.

Rennt die Zeit
vor deinem Bein
bist du stets verspätet
keuchst und lamentierst
es bleibt dabei
die Zeit, sie eilt voraus
eine Beineslänge.

Fährt die Zeit
in deinem Herzen mit
bist du stets dabei
feierst immer Gegenwart
es bleibt dabei
die Zeit, sie fährt mit dir
tief im Innern.

UNTERWEGS

Ein roter Schirm
stolziert durch die Gassen
an seinem Knauf
ein kleiner Hund.

Ein brauner Stock
beschlägt die Strassen
gefolgt von schmutzigen Hosen
mit einer Flasche und einem Taschentuch.

Ein blonder Marktkorb
schaukelt um die Ecke
mit Äpfeln und Salat
und einer Stange Zigaretten.

Und eine Mappe eilt
voller Gelehrsamkeit
am roten Schirm und kleinen Hund vorüber
der böse bellt und laut.

Doch der Marktkorb
senkt sich zur Hose
zum Taschentuch kollert lustig
ein roter Apfel.

Darüber hört man ein Lachen.
Aber wie einsam der rote Schirm
stolziert, die Mappe schwebt
sieht man nicht um die Ecke.

DIE VELOFAHRER

Sie fahren strampelnd
insektenhaft mit Helm
oder bieder mit Korb
auch mit Hund oder Geranien
immer am Rand

und drehen, indem sie drücken
unten und oben hebeln.
Meist ruhen die Hände
von der Arbeit aus
aber die Beine spurten fort.

Der eine pedalt
aufrecht und glückstrahlend
durch die grünen Kulissen
indem er vieles betrachtet.
Der andere glotzt auf den Teer

begierig auf die Kilometer
seiner Fitness, der muskelstarke
Unerlöste, und sieht nichts
von der Paradieses-Schönheit links
rechts der sich schlängelnden Strasse.

SCHATTEN

Rote Gartenstühle
werfen schwarze Schatten
doch fallen diese
humoristisch schräg
als ästhetische Gebilde
auf die Betonplatten.

Und Löcher werden Augen
von kleinen Ungeheuern
von Marsbewohnern, Samurais
in Reih und Glied
verschieden gross.

Fragst dich:
Wie ist mein Dunkel
wenn Gartenstühle-Schatten
so markant schon scheinen?

Stellst dich zufällig
vor dein Fahrrad
und bemerkst:
Schöner ist das Doppelwesen
als deine Silhouette.

OHNE POESIE

Einkaufsfamilien
mit Taschen, Säcken
Kindern, Hunden –
ohne Poesie.

Zwischen den Centren
von Coop und Migros
mit den Verkaufsgestellen –
ohne Poesie.

Im Café mit Säulen
Tischtüchern, Aschenbechern
Tassen, Gläsern, Kuchenresten –
ohne Poesie.

Mit den Gesprächen, dem Schweigen
und den Fotos, Plakaten
an den Wänden –
ohne Poesie.

Auch die Vorhänge, Lampen
dieses Daseins
nach den Kassabons –
ohne Poesie.

IM RIESENGEBIRGE

Im Riesengebirge fährst du
über die tannenbehaarten
Felsenschenkel und klimmst
über Bauch und Brüste
– seile dich an –

über den Nabel dieser Welt
erkletterst die Wangen
ersteigst die Nase
und blickst vertrauensvoll
in die Seen der Augen
dieses lichten Gesichts.
Dort pflückst du die Blume
riechst daran
nimmst alles in deinen Atem.

DER MINUTENBAUM

Vor dem Tinguelymuseum
in Basel am Rhein
hatte die Regenfeuchte
auf das Kopfsteinpflaster
einen Baum gepinselt
schwarz auf grau
mit knorrigem Geäst.

Gern wäre er eingetreten
zu den Feuersonnen
seinen lieben Kollegen Antipoden
doch Wind und Wärme
fegten ihn bald wieder weg.

KLANG DER WÖRTER

Attu habat schona
dinu himilschina
fruogant fromi frauwe
disi alti man.

Astu ava deie
tuon celestina aurolanta
dimandavant pia donna
ceste vieche don.

Klang der Wörter
Spracherfühlung
Spracherfindung
Sinn im Unsinn
Dada ist da.

Häventju in taima
yuster hevenschain
askatju waivi piti
this oulda män.

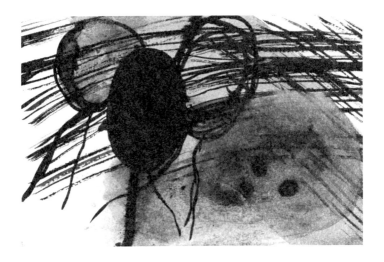

TRÜBER TAG

Das Gesicht
wie das Wetter
draussen:
Grauschleier.

Zugedreht
das Licht
die Heiterkeit
das Lachen.

Matte Schimmer
in den Feldern
der Monotonie
Horizontblei.

Doch neckisch
die Nebelschwade
ein Frauenschal
umhüllend, umschliessend.

WOLKEN ÜBER DEN FELDERN

Wie abgemessen
die Wolken des Himmels
wenn sie über unsere Felder fahren
abgeschnitten, gezählt.

Wolken fliegen über Hecken und Zäune
über unsere tagtägliche Wirklichkeit
heben sie auf, ziehen sie empor
zu ihren Luftschlössern darüber.

Du fragst dich, was bleibt
sitzend im Gras, pflügst, erntest
und spürst nicht wie du
als Wolke darüber schwebst.

DAS KLOSTER

Der Paradiesvogel
mit den zwei roten Kirchturmschnäbeln
dem posaunenden Engel
im Sonnenglanz auf der Rotunde
überm Gotteshaus-Tabernakel
in himmelblau und altgold
zeigte im barocken Zierrat
die Säle und Zimmerfluchten
des Alters- und Pflegeheims.

ENGEL

Und sieh, sie
schlüpften aus Büchern
als hätten sie geschlafen
zwischen den Seiten.

Die Menschen
wurden ruhiger
hofften wieder mehr
und fühlten sich begleitet.

Und siehe, ihre Weisen
himmlisch durchflutet
perlten wie Harfentöne
durch die Strassen der Städte

Und einer behauptete
er hätte sie in den Nachrichten
am Fernsehen gesichtet
ganz alttestamentarisch

Was man ihm nicht glaubte
obwohl man wusste
dass der Glaube nicht nur Berge
sondern auch Engel versetzen kann.

Sie seien da, aber
man nehme sie nicht wahr
meinte ein anderer.
Es mangle uns die Achtsamkeit.

Wie dies gemeint sei
ob sie hinter einem stünden
die Stuhllehnen-Engel quasi
wenn man sitze.

Ob sie durch die Menschen
erschienen. Es gäbe solche
die hätten einen Engel im Aug.
Doch das seien meist Frauen.

Wenn man sie denke
seien sie überall:
Ein Flügelgeflatter
und Lächeln in der Luft.

Dies meint der Autor
hofft und vermutet
dass ein Engel
ihm dies eingegeben.

IM SAND

Wenn die Fittiche
all die Schwingen
verstreut im Sand liegen
so bedenkt
sie schwebten einst
in den Höhen
um die grosse Schau
der Uebersicht
zu gewinnen.

DAS SCHLOSS

Das Schloss
sass auf dem Hügel
und die Zeit
sass auf dem Schloss
ein dichtes Gespinst
oder wie ein Brocken.

Durch eine Nebentür
wurde das neue Jahrhundert
hereingelassen mit Gartenstühlen
Tischen und Bänken aus Plastik
und man redete über
Marketing und Kunst.

Die Vögel zwitscherten
immer noch mittelalterlich
auch die Bäume rauschten
in der alten Sprache
und die Schlosskatze als Pantomime
redete nur mit Gesten.

Das waren alles
lichte Erscheinungen.
Es gab da noch einige Waffen
eine Folterkammer
sowie die gespensterhafte Zeit
mit ihren wallenden grauen Tüchern.

EIN DICHTER IM WALD

Ein Dichter wanderte
durch den Wald.
Schweigen im Wald.
Schweigen im Wald.

Ein Dichter schrieb
über den Wald.
Schweigen im Wald.
Schweigen im Wald.

Ein Mensch
durch die Finsternis lief.
Schweigen im Wald.
Schweigen im Wald.

Als er den Wald
wieder verliess
ein Kuckucksblümchen rief
ein Kuckucksblümchen rief.

GRAS WÄCHST AUF DEM DACH

GRAS WÄCHST AUF DEM DACH

Gras wächst auf dem Dach.
Sind wir behütet
von Gnomen und Zwergen?

Gras wächst auf dem Dach.
Immer wieder
die neue Ernte.

Gras wächst auf dem Dach.
Die Natur bleibt.
Der Mensch geht.

Gras wächst auf dem Dach.
Das Vergessen ist gross.
Die Urgründe setzen sich fort.

Gras wächst auf dem Dach.
Die Ausbreitung
ist gesichert.

Gras wächst auf dem Dach.
Der Leermond
steht darüber.

WINDSPIELE

Alles fassen
diese Windhände an
suchen Bewegung, Berührung.

Ihr Luftzüge über Land
verliebt in die Flatter-Geräusche
bläst, dass die Baumwipfel sich wiegen
als würdet ihr sie an euch drücken
dann wieder loslassen, immer wieder.
Erlaubt dem einsamen Plastiksack
überm Strassenpflaster feierlich zu schweben.

Aber seid nicht zu heftig.
Erzählt von der Anmut des Lebens.
Nicht schon wieder:
Aus Spiel wird Ernst.

Tanzt, liebkost
bewegt unsere Sinne
vor allem aber unsern Geist.

VERSTEHEN

Als ich das erste Mal
umgrub
spürte ich die Erde

und als ich pflanzte
staunte ich
über ihre Kraft.

Das Wasser erschloss sich mir
als ich es zum ersten Mal
aus der Regentonne schöpfte.

Vielleicht würde ich
den Wind als Fahne
oder Segler erkennen.

Tief in mir
änderte sich etwas
eine Oeffnung in einer Mauer

ein Sehen ohne Bilder und Wort
jenseits des Denkens
beim Verstehen.

IN FREUNDSCHAFT

Nahe beieinander
zwei Bäume
Buchen vielleicht
als gäben sie sich
die Hände.

Berührung
eine fliessende Bewegung
der Aeste
doch stehen sie nicht
zu dicht beisammen.

Sie erfühlen
mit Wurzeln und Knospen
die gleichen Elemente
und teilen sie
brüderlich.

Wenn sie auch nicht
wie Menschen
gemeinsam wandern
der runde Himmel wandert
über ihrem Gezweig.

Sie wissen wohl nicht
dass der Wald, die Welt
ein Ganzes ist
doch sie erfühlen es
in jedem Blatt.

FÜLLUNG – ERFÜLLUNG

Im März noch
standen die Bäume
fäusteschüttelnd
in der dünnen
Frühlingsluft.

Im Juni aber
trugen sie
ihre Blätterkronen
majestätisch-gewichtig.
Alles schien vollbracht.

Wir kennen
diese Veränderungen
aus den Biografien.
Leere Leben
wollen gefüllt sein.

Wie die Teller
mit den täglichen Speisen.
Alle Blätter spriessen
entfalten sich
regen-, sonnenhungrig.

IN UNSEREN ZEITEN

Die Bäume haben es verlernt
in den Himmel zu wachsen.

Die Lerchen steigen nur noch
in fremden Ländern ins Blaue.

Doch die Bäume blühen noch.
Manche finden dies komisch.

Es hat doch niemand Zeit
für die Ernte. Wir sind ausgelastet.

Auch wir haben es verlernt
in den Himmel zu wachsen.

Jedoch atmen wir gerne frische Luft
woraus doch der Himmel besteht.

IN DER STUBE

Er stellte
nach jeder Wanderung
ein paar Steine
auf sein Büchergestell
bis man keine Bücher
mehr sah.

Sie sagte:
Jetzt sammle ich
Schmetterlinge.

NOVEMBERLICHT

Novemberlicht
im Gelb der Blätter
diese Fröhlichkeit
im Sterben.

Altersklar
die Gipfelflur
diese scharf gezogene
Zickzacklinie

beim Erwachen
in der späten Jahreszeit.
Manches fügt sich ineinander
was früher getrennt schien.

Amseln auf Suchflug
für die letzten Beeren
im Schlussgesang
des Rebberges.

Novemberlicht
dieses Aufglühen
schon im Dunkeln
Lichtbrücke hinüber.

SCHNEETREIBEN

Heute ist die Landschaft
schlecht gelaunt.
Die Dörfer verstecken sich
hinterm Nebelmehl-Sieb.

Autokolonnen fahren
voller Trotz
zur Eroberung
ins Tagesnichts.

Die Kamine qualmen
noch immer
die Vergänglichkeit aus.
Mancher Gegenstand haftet weiter.

Jeder ist Beute
in den Wasserschleier-Netzen.
Grauweiss lautet ihre Parole.
Die Welt wird zugeschüttet.

Dagegen stemmen sich
die rote Lok, ihr Fahrplanwille
und das Leben – der Riese
unter dem flatternden Wettertuch.

WIR WECHSELWESEN

Flut und Ebbe
wechseln.

Manchmal sind wir
voll in Fahrt.

Manchmal will es
nicht mehr weiter.

Der Kiel am Boden
schleift und nagt.

Manchmal ist es
uns gegeben.

Manchmal ist
so vieles weit.

Ach, was sind wir
Wechselwesen

weil der Mond
und vieles andere

uns hin und her
am Aermel reisst.

SEINE UHR RICHTEN

Er fuhr meerwärts
und fragte sich
ob die Zeit am Ufer
stehen bleiben würde.

Zum mindesten hoffte er
für seine Seele
auf einen anderen Rhythmus
der sich, wie ihm schien

beim ersten Wellenschlag
als wärs ein neues Lied
sogleich einstellte: Seine Uhr
wurde neu gerichtet.

Die Wogen glätteten
sein krauses Innenleben
liessen auch ihn fliessen
und befreiter atmen.

Jedoch als er
an einer Anzeige-Tafel
den Gezeiten-Kalender studierte
diesen Fahrplan der Wellen

da drückte das Gedruckte
in ihm auf eine Taste
die sogleich wieder
auf seine Bürozeit umstellte.

DAS MEER

Das Meer
in Fensterquadrate
aufteilen.

Das Meer
und die Wolken
in Streifen schneiden.

Das Meer
bevölkern
mit Spaziergängern.

Das Meer
in die Stube hereinholen
mit dem Aquarium.

Das Meer
zerschneiden
mit der Fähre.

Das Meer
mit Bojen bewimpeln
für den Schiffs-Slalom.

Das Meer
ruhelos, lässt auch
unsere Ruhelosigkeit geschehen.

ABGETAUCHT

Dieses Gefühl
vielleicht bei der Geburt
in das Weltmeer
abgetaucht zu sein.

Aber anstatt wie ein Fisch
zu schwimmen, sitzest du
auf dem Meeresgrund
zwischen Korallen.

Deine Alltags-Gegenständlichkeit
und die Verwunderung
hier und nicht anderswo
obwohl du manchmal reisest

nicht allzuweit, im Revier.
Seiest von weither gekommen
in die Atmosphäre dieser Erde
vielleicht …

HOLZSCHEIT IM FEUER

Schaute
in die goldrot-schwarze
magische Loder-Glut
in das vom Feuer
hundertfältig gespaltene
Holzscheit, ins glimmende
Edifizium, in den Altar
voller Brennräume
aus denen die Hitzewellen
stiegen.

Darüber
die gespenstisch
blauen Flämmchen
dann ein Funke, zwei
wie Meteorite
aus den finstern
Vernichtungsklüften
schwebend
als wärs eine Botschaft
nach oben.

Endgültig
ist die Herrschaft
des Feuers über das
was einmal
Teil eines Baumes
darstellte

aus Wurzel-
und Himmelskräften
entstanden
seine Lebensfunktionen
erfüllt hatte
bis es im Holzschlag
erstarrt war
dann über das Feuer
in die Luft auswanderte
um vielleicht
zurückzukehren
in einen andern Stamm.

BEWEGUNG UND STANDPUNKT

Der Aufgang der Sonne
über der Erde
ist anders
auf dem Acker
als von der Erdumlaufbahn
aus gesehen.

Der Saum des Lichts
wandert über die Kugel
in ständigem Fliessen
während unten
stets ein neuer Tag
beginnt.

Mancher Täuschung
sind wir verfallen
und glauben, es kreise
alles um uns
derweil wir uns drehen
– auch um die Sonne.

DIE TRAUMTEPPICHE

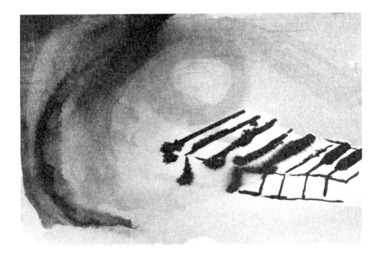

DIE TRAUMTEPPICHE

Unter dem Schweigen des Himmels
legte er seine Träume
wie Teppiche aus
setzte sich dem Sonnenlicht aus
auf Wiesen, Plätzen und Sand.

Und hoffte, sie würden sich wie Wellen rollen
über alles sich erheben, wegfliegen
ins goldene Dasein über dem Regen.
Doch als der Zinndeckel alles verschloss
legte er sie in seiner Stube unter den Tisch.

Er gewöhnte sich
an ihre Figuren
bis er sie nicht mehr sah.
Aber seine Teppiche verschluckten
gewisse Reden und Sätze von oben.

DER VERGLEICH

Unendlich ist das Meer
der Weiblichkeit.

Und die Frauen sind die Schiffe
die darauf fahren.

Kannte einen
der rettete sich immer wieder auf Deck

Als ob der Liegestuhl dort
für ihn reserviert gewesen wäre

Und betrachtete von dort aus
den grossen weiten Ozean

Bis er eins wurde
mit all den Gewässern

Wieder in den Fluten kraulte
prustend, schnaubend, hechelnd

Bis das nächste Schiff dahersegelte
mit in der Kabine dampfenden Töpfen

Um den grossen Hunger zu stillen.
Aber die Fische mochte er nicht.

BALANCEN

Unkräuter wachsen
im Garten
gegen unsere Krankheiten.
Wir reissen sie aus
und sterben.

In Bayerns Sonnenstube
sangen sie am Waldrand
hundert Aersche auf einer Bank
stiessen an und tranken Bier.
Ueber der Grenze begrub man
Thomas Bernhards Tote.

Im Schattenland glühen die Sterne
der Wunderheiler und Nachtgänger.
Ein Kilo Makabres gegen ein Kilo Frivoles.
Wie immer der Mensch sich schützt
die Nadelspitze der Waage oszilliert.

Wer den Mammon scheffelt
erntet das Ungegenständliche.
Wer sich in die Blaue Blume verliebt
findet das Kind nass in den Windeln.
Es wäre für alles ausgleichend gesorgt.

PARALLELE RETTUNG

Das war im Krieg
er sang und johlte
spielte den Narren
zwischen feindlichen Panzern
und rettete so sein Leben.

Das war während der Revolution
der Kommunisten in China.
Sie wollten den Missionar erschiessen.
Da rief einer und rettete ihm das Leben:
„Das ist unser Dorfnarr!"

Der erste starb als alter Mann.
Der zweite, neunundneunzig
erzählte lange die Geschichte
seiner Rettung und Bewahrung
als Narr in Christo für unsere Betroffenheit.

KONVERSATION

Suchen sich die Katzen
ihr Fell aus
ob schwarz oder weiss?
Besichtigen die Kinder
vorher ihre Eltern?
Dass die Heiraten
im Himmel beschlossen werden
ist bekannt.
Und manchmal
wird in einer Sommerfrische
bei Kaffee und Kuchen
durch irgendwelche Teufel
ein Krieg beschlossen.
Aber sicher ist:
Unser Wille ist frei.

MAHNUNG

Jede Nacht
verpassest du die Lernzeit
fauler Kerl!

Wie lange noch willst du
auf der Matratze liegen
anstatt in den Kosmos zu reisen?

Wenn du dich wenigstens
am Tag ausruhen würdest
um nachts besser zu träumen.

HERR KALASCHNIKOW

Aus einer Bauernfamilie
vertriebenen Kulaken
sieben Jahre Gulag
weil ein bisschen reicher
und Stalin regierte.
Zweimal Sibirien entflohen
eingezogen in den Weltkrieg
fragte er sich als Verwundeter
warum die Deutschen
die besseren Waffen besassen
begann zu studieren
und zu entwerfen
verstand anfänglich
nicht viel von Gewehren
verfertigte Skizzen
die er herumreichte
damit er nicht erneut
an die Front musste.

Nein, keinen Rappen verdient.
Auch den Russen
sei seine Waffen-Erfindung entglitten.
Er habe sie zur Verteidigung
seiner Heimat ermöglicht.
Nun fabrizierten sie
fünfundzwanzig Länder
die Kalaschnikow.
Er werde weiterleben
in die Geschichte eingehen
als Waffe.

Sitzt auf dem Stuhl
beim Fernsehen
zwei Sowjetsterne am Revers
irgend ein alter Mann.

KRIEG

Krieg
bevorstehend
davorstehend
entgegenstehend.

Bei Krieg
würde er sofort
einbezogen, eingezogen
von der Welt abgezogen.

In diesem Fall, Kriegsfall
überstürzte Heirat noch
Kinder zeugen noch
leben noch.

Doch Kriegsausbruch
morgens Hochzeit
nachmittags an die Front
Abschied für immer.

Darauf Familien-Krieg
denn in der Nacht
vollzog sein Bruder
die Hochzeit.

ÜBER DAS VERGESSEN
(Aesthetik des Widerstandes von Peter Weiss)

Sie wälzen
einen runden Block
die Vergangenheit
von sich weg
und lassen ihn
in die Täler des Vergessens
hinunterkollern.

Was zählt
ist nur die Gegenwart
das neu Werdende
wie viele Blätter auch
sich für den Frühling opfern.
Der schwarze Rauch der Namen
verflüchtigt sich in den Weiten.

Es gibt solche
die retten Namen
in dicke Wälzer
zu ungegenständlichen Litaneien
derer, die sich aufopferten.
In Buchantiquariaten
zu erstehen für drei Franken.

AUF EIN BERG-AQUARELL

Fern liegen
Chinas massige Gebirge
diese Luftschattenhänge
hingepinselt auf die weisse
Himmelsfläche im Morgenlicht.

Gesteine wie Puder
mit manchem Gesicht.
Alles ist Erscheinung
auch wenn du deinen Kopf
daran anschlägst.

Doch ist es die
hauchzarte Materie
die deine Seele trifft
all diese Sonnenpartikel
immer im Zwischen-Raum.

IN DER SANDSTADT

In der Sandstadt
kurzzeitlich befristeter
Befestigung
wischen wir alle Tage
die abgebröselte
Zeit weg.

Mit Wasser
kneten wir Höhlen
begiessen jeden Tag neu
denn Wasser verdunstet
in der Hitze
oder fliesst ab.

Wenn wir nicht
den innern Kern hätten
unsern Zusammenhalt
der Knochen
auch der Versteinerungen
vielleicht früherer Leben.

SCHWINDEL-LITANEI

Du Gott auf dem Berge
Sinai, erlöse uns
von dem Schwindeldreh
den abfallenden Winden
aber auch
von den Geldhahnenleuten
die fliessendes Wasser
predigen
und dann zudrehen.

Erlöse uns auch
von dem Volk der Verkäufer
in den Geisterstädten
an den Füssen deines Gebirges
die heilig rufen
und ihre Traktate
für zehn Batzen vertreiben
immer mit der Ansicht
Aufsicht, Felsmauersicht
der Sinai sei der einzige Berg.

Erlöse uns von all denen
die nichts vom Himalaya wissen
noch weniger von den Sternen
von den Vulkanen der Venus
den Plateauweiten des Jupiters.
Aber du hoch oben
müsstest es wissen.
Setze deine Sendemaste
wahrer Kommunikation.

Denn du allein bist
Herr und Majestas des Schwindels
im Weltwolkengetriebe.
Dein die Illumination und Illusion
die du verteilst wie Wasser
als unsere Lebens-Not-Wendigkeit.
Allguter, Allträumer, Allmächtiger.

PROMETHEUS HEUTE

Wenn einer so manches
den Göttern entreisst
aus dem Nichts hervorzaubert
doch die Menschen
achten dies nicht
denn er steht am Rand
der Erdscheibe
wo man die Luft
sirren hört
und das ewige Geflüster
derweil entfernt in der Mitte
all die Lautsprecher dröhnen.

Was holt er Fernes
auf diesen Planeten
in den Zeitungen steht
schon genug.

LETHE

Wer mit seinem Schiff
in die Vergangenheit
hinausfährt
die überfluteten Länder
unter sich wissend
von Algen und Tang überdeckt
und darüber
in den Gewässern
so manch Unbegreifliches
wie gut immer
er dann niedertaucht
seine Atembehälter
sind begrenzt.

Die Meeressonne scheint grün
nicht golden glitzernd
und in grösserer Tiefe wallen
die schwarzen Tücher der Nacht
die alles umhüllen.

Es sei denn
die Meere würden eines Tages
abgelassen, flössen weg
wie aus einer Flasche
wir würden das Land
wieder besichtigen
im Sonnenlicht des Augenblicks
die Vergangenheit.
Alles ist möglich auf Erden.

Mag sein, dass die Fischer
für das Museum „Geschichte"
das eine oder andere
in ihren Netzen fangen
was noch irgendwie schwebt
sich nicht endgültig abgesetzt hat.
Es ist immer vom Wasser
der Vergangenheit poliert
zum erzählenden, fiktiven Gegenstand
den wir manchmal
wegen seiner Patina lieben
seiner Reduziertheit
der Schönheit im Einfachsten.

VERSCHIEDENE UFER

Am harten Widerstand
zerschellen die Wogen
sprüht mit Geschrei
die Gischt über die Felstürme
in die weichere Luft.

Ins Sandgeriesel
dringt eilig die Flut
mit Gemurmel.
Wie mit Achselzucken
zieht sie sich wieder zurück.

SCHATTENSCHRIFT

Deine Schattenschrift
vielleicht ist sie
heller als manches
beständiger als du selbst.
Ein Ruf schwirrt weiter
aktiv durch das Weltall
auch wenn der Planet
längst untergegangen
erloschen ist.

Schatten entstehen
solange Menschen im Licht
des Lebens stehen.
Du fragst dich
ob du sie mehr liebst
als das Licht
diese Umrisse, Figuren
auf den Zugstrassen
den feinkörnigen Seiten Papier.

IM DORFMUSEUM

All diese Geräte
vom Schweiss gereinigt
der Lebensmühsal
knochenblanke Form
Handwerk mit Patina.
Darüber das Besucherlächeln.

Alte Berufe
Holz und Eisen
und in der alten Waschküche
Kupfer und Blech
drehen, ziehen, stossen
in Staub und Dampf

der sich mit der Zeit
ins ferne Weltall
verflüchtigt hat.
Aber wie Meteorit-Steine
das Ausstellungsgut
ferne Gegenwart.

DER GESCHIRR-SCHRANK

Wenn du beim Geschirr-Schrank
bäurisch, hell, mit weissen Porzellangriffen
das Tor, die Schubladen öffnest
ereignet sich Lebenstheater:
Tellerbeigen, Tassen mit Goldrand
erzählen von Generationen
die schon lange tot sind.
Messer mit schwarzen Griffen
dämmern lebensvergessen
die Jahre dahin
ohne ins Fleisch zu schneiden.

Kein Schmerz, nur Wehmut
überkommt einen beim Anblick
dieser Ausstattungen für die Taufmahle
Hochzeiten, Geburtstagsfeiern.

Wieder drehst du den Schlüssel.
Oeffnest aber nochmals als Schatzsucher:
Das Gold an den Rändern schimmert
und der silberne Schöpflöffel glänzt.

SARASATE

Im grünen Gartensaal
vorne der schwarze Flügel
darüber die Silberlüster
schwebend die Geige
sowie ein grosser Goldrahmen
der die Venus umfängt.
Spiegel, weisse Stukkaturen
und betagte Damen mit Perlen
hören Zigeunerweisen.
Manchmal schimmert die Jugend
durch ihre altersstaubigen Masken
und die Hüllen ihrer Melancholie.

ÜBER DAS SCHWEIGEN

Obwohl er jeden Tag
sein Schweigen begoss
es blühte nicht.

Als er es endlich
aus seiner Erde riss
fand er später dort

einen grünen Schild
wie ein Punkt vorerst
dann wachsend

bis er sich in Zartheit
zu zwei Herzblättern
entrollte.

MASKE

Wer sich vor dem eigenen Sein
verbirgt, eine Maske
überzieht, wundere sich nicht
dass Fremdheit ihn überfällt.

Masken beginnen zu sprechen
verkünden ein anderes Sein
als das des Trägers
wie die Geister, die einer rief.

Plötzlich diese Energien
beim Auswechseln des Gesichts
oder ist es die andere Taste
die in uns angeschlagen wird?

Aus der Fundgrube der Urzeit
dem Estrich der Larven
wie Käfer sich entwickelnd
über Jahrhunderte verpuppt.

Mit dem Schrecken zur Abwehr
bei den Zusammenstössen
in der Entwicklung der Menschen
zueinander und zu sich selber.

BUDDAHSEIDIG
(Chueh Ying las das Diamant-Sutra)

Nonne asketisch
gehüllt in Chamois
leuchtendes Haupt
rasiert das Haar:
ohne Besitz.

Bewegten Mundes
im Gestirngesicht
spricht wie die Quelle.
Seidenzart der Teppich
ihrer Rede.

Im Sutrasilbenklang
Nonsense, das Nichts
für uns, die Unverständigen
ein Götterlied
unseres Jenseits.

Helltönendes Wesen
des asiatischen Planeten
ein Lachen, Kichern als Punkt
nachdem sie erklärt
alles sei zusammengefügt

Finde sich vereint
löse sich wieder auseinander
in den Zyklen des Lebens
das Buch auch, aus dem sie liest
und wir denken: Aber wir?

HIMMELSKUNDE

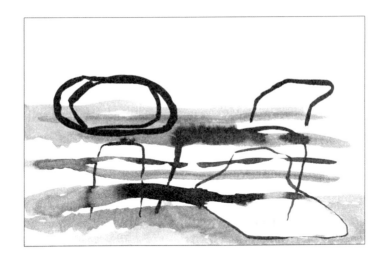

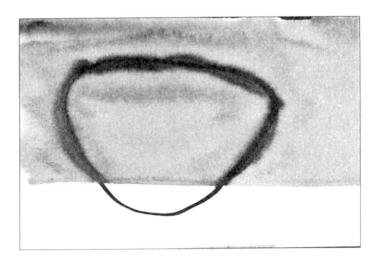

SONNE III

Goldmähniger
riesenhafter Erbauer
deiner Götterburg
voller Strahlung.

Wälzest sehnenstark
Goldquader auf Goldquader
für die weithinsichtbare
alles überwölbende Kuppel
deines Ichs.

Darunter, zwischen den schweren
damastenen Vorhangkulissen
spielt deine Tragödie sich ab
mit leidenschaftlichem Gebrüll.

Alle Planeten halten Distanz
ob deiner Feuer.

MOND III

Meergrüner Mond
uralte Amme
mit deiner Kraterhaut
voller Gefühle.

Tanzend mit den Wogen
von Ebbe und Flut
im Wechsel auch
von Hitze und Kälte.

Du silbernes Tor
zu unserer Welt
durch das wir schalenlos
ins Diesseits gleiten.

Dünn ist die Haut
unseres Traumes
zwischen deinen Polen.

FORTFAHREN

Fortfahren, fort
zu den Mondbrocken
zu den Marsbrocken!
Der Mensch muss
sich an das Fahren gewöhnen
denn er fährt
gegen den Himmel.
Fortfahren, fort!

MONDATLAS

Als Liebhaber von Mondgedichten
und wegen der Sehnsucht
kaufte ich einen Mondatlas.

Phantasie und Wissensdurst
interessierten sich gemeinsam
für die Namen und Krater.

Diese Vermischung zwischen
Wortlaut und Leere
wurde zur Zündkerze des Geistes.

Meine Enkel zeichnen
vielleicht später in das Buch
die Boliden des Mondrallyes.

DER MONDRAKETENBUB

Mondraketen sind gefährlich
denn:
Peter II.
oder das „Knallbonbon"
so nannte man ihn
lachend, den Kleinen
in der Schule
unter grösseren Kameraden
feuerte Raketen
zum Mond
dass es knallte
und widerhallte
zwischen den Betonkuben
und allwissenden Fenstern
die zu bersten drohten
aus Gründen der Mondfahrt
des Kleinen
denn er feuerte frech
nicht nur die Fahnenmaste
und Telefonstangen der Gemeinde
und das Immobilienhochhaus
mit der Bank im Zentrum
mit dem Rechenzentrum
nicht nur die Kirchturmspitze
zwar ohne die Kirche
auch manch grösseren Kollegen
auf den bleichen Mond
der immer noch grinste –
sondern auch sich selbst.

Da waren sie alle
wieder beisammen.
Doch es hatte mehr Staub
dort oben oder unten
dass die Mutter
mit dem Lappen
eifriger wischen
musste alle Tage
was recht mühsam
ohne Staubsauger wurde
weil Peter II., das Knallbonbon
eben auch diesen
für die Auspuffrohre
aus ihrem Putzschrank
entnommen hatte
und die Raketen verglommen
alle waren
als Feuerwerk
das nur geblendet
das verzückte
aber nichts verrückte
nur verrückt toll war
dass alles nachher
wieder grau war.

Aber der Bub sagte:
Ich habe Freude
wenn es blitzt.

MONDLITANEI

MOND, du fesselnder Luftballon
    über dem Sportplatz.
MOND, du abschliessender Punkt
    hinter dem Satz der Erde.
MOND, du geheimnisvolles Loch
    durch das Leben kommt und geht.
MOND, du Denkerstirne
    über dem Geheimnis Welt.
MOND, du faszinierender Schmuck
    am Kleid der Nacht.
MOND, du Knopf im All
    der das Unbekannte zusammenhält.
MOND, du Gespenst für Gemüter
    die gern im Unheimlichen baden.
MOND, du Zirkusarena
    aller blossen Gedanken in der Luft.
MOND, du Muttergesicht
    Milch ohne Blut im Busen.
MOND du Drachen der Geschreckten
    in der Phantasmagorie der Kliniken.
MOND, du mit dem Hasen oder Mann
    im Silbergefilde, kühn ist die Angst.
MOND, du Sirene, betörend
    versuchend, unheimlicher Gesang.
MOND, du goldene Münze
    oder Spielmarke für den Eintritt in die Welt.
MOND, du helles Gelächter
    über unserer Komödie Erde.

MOND, du bleiche Hostie
  der Sehnsucht für immer das andere.
MOND, du Silbertrompete
  unserer Nachtmusik.
MOND, du Mitläufer, Nachahmer
  warum läufst du hinter uns her?
MOND, du blindäugiger Nachtkauz
  über dem Ast der Birke.
MOND, du wirbelnder Kreisel
  der letzten Gäste aus dem Wirtshaus.
MOND, du gepuderter Clown
  Initiator aller Narrenspässe.
MOND, du leichtfüssiger Tänzer
  über den Zacken und Hörnern der Berge.
MOND, du bescheinwerferte Kanzel
  für die Prediger vom Ende der Welt.
MOND, du lichtsprühender Seraph
  für das Vergessen aller Leiden.
MOND, du Schwergewicht
  oder Fäusterich am gongenden Himmel.
MOND, du deliziöser Dessert-Käse
  mit «haut goût» und Milde.
MOND, du orange Orange
  farbiger Herrscher über alle Schattenspiele.
MOND, du See aller Sehnsüchtigen
  Unruhewandler und Beklommenen.
MOND, du Seele in jedem Menschen
  und völlig unverständlich.

Mondblume, du
Mondstaubgepluster
Asphodelenlicht
Aphrodisiakum
Herbstzeitlose
Weisser Stechapfel
Zauber
Licht
Schein.

PLANETOIDEN

Planetoiden
sind wir.
Jeder nach seiner
Melodie und
in Variationen
und doch
einander ähnlich
gefällig oft, aber
nicht rein tönend
mit Schmutz und Eis
über der glühenden Masse.

JUPITER

Wenn Wesenheiten toben
im roten Sturm
des Jupiter-Achats
trinke ich ruhig meinen Kaffee
auf der Terrasse über dem See.

Dort geht jetzt der Eismond auf
überm schwarzen Schwefelwasser.
Aber auch von der Sternblume
die sich einen Meter vor mir öffnet
weiss ich nichts.

Jetzt sehe ich
ein Insekt rüsselt und saugt
an einer Blüte.
Doch ich hänge mit meinen Gedanken
am gewaltigen Jupiter und trinke Kaffee.

VENUS II

Gigantisches blaues Gewölbe
Grotte, Himmelshintern
in Glanz und Sternenmilde.
Darauf steckbeinig, kupfern der Stier
vom Wohlklang der Töne betört
auch vom Pfeil in seinen Lenden.

Stampft, schnaubt.
Der Boden gibt nach
wie eine Haut.

MERKUR II

Ein Luftzug
Wolkenzeichen
eine Hand, die nimmt
eine Hand, die gibt
das Quecksilberwesen.

Doch es zieht einen genauen
gut berechneten gelben Strich
mit allen Kabeln der Kommunikation
über den Planeten
mit seinen Kratern
der gigantischen Denkerstirne
mit ineinandergreifenden
Furchen und Rädern.

URANUS

Graziöser Tänzer, Springer
im Farbenspiel
und in den elektrischen Strömen
der Orgelpfeifen aus Bernstein.

Asiatische Figur
mit vielen Händen
in jeder eine andere Maske
Schwärmer, Schmetterling.

Kein Ton, der dich ans Ende trägt
du Träger der Sehnsucht.

NEPTUN

Das bärtige Haupt
taucht auf, gebirgig
aus dem Nebelblau der Träume.

Das opale Auge mondhaft
über der aquamarinen Wasserfläche
wie Buddha voller Mitleid.

Die Wasser fallen.
Silberfluten rinnen ab.
Ein Atmen und wieder Tauchen.

PLUTO

Hypnotische Oeffnung, Mund
grünblauer Schlund
mit roten Korallenlippen
Allesverschlinger.

Bis die Blitze zucken
aus deiner Energie
in der Zaubernacht
über den Vulkanen.

Eine Stimme ruft abgrundtief:
Charon fährt vorbei
beladen mit Schemen
die Barke.

VOM AUSSEN- ZUM INNENRAUM

Wenn du in die Himmel blickst
aus der abgrundtiefen Schwärze der Nacht
ins Delirium des Farbenrausches
in die Wogen der Nebel-Giganten
der Stern-Stürme und -staubgewitter
Feuer-Blumen, Schwarzen Löcher
dieser gelb, purpurroten Materie-Schlunde
Weltall-Rachen von Milliarden von Kilometern
und du erschauerst im chaotischen Klang
dieser Explosions-Malerei der Welten-Gallerte
mit all dem rotierenden Galaxien-Getier
aus dem Materie-Atem auf der Netzhaut
einer blickbegierigen Gottheit
den Aussenraum optisch aufblähend

als Echo für einen unbekannten Innenraum
mit all den Wesen und Kräften.

Welch ein Gesang!

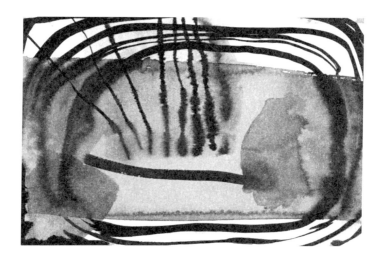

INHALT

LACHEN IM WIND

GRAS WÄCHST AUF DEM DACH

DIE TRAUMTEPPICHE

HIMMELSKUNDE

WERKE VON
AUGUST GUIDO HOLSTEIN

«DAS FREIAMT IM AARGAUISCHEN STAATE
1803-30», Sauerländer 1982, eine Geschichtsarbeit.

GESCHICHTEN VOM BOLL
87 S., 20 Kurzgeschichten, Baden 1983, (vergriffen)
Illustrationen von Andreas Holstein.

WIND AUF FAHRT
63 S., Lyrik, Goldau 1986, Innerschweizer Lyriktexte,
(beim Autor) Illustrationen von Andreas Holstein.

GESCHICHTEN VOM DORFE F
85 S., 15 Kurzgeschichten, Baden 1987, (beim Autor)
Illustrationen von Thomas Holstein.

WINDMESSSTÄBE
102 S., Lyrik, Klagenfurt 1990, (beim Autor)
Illustrationen von Andreas Holstein.

Im Buchhandel:

ALPTAG
183 S., Roman, (Gegenüber Florenz – Lötschental.
Einer, von dem in der Zeitung stand, er sei tödlich verun-
fallt und der darauf seinen vermeintlichen letzten Tag
beschrieb.) Ed. Leu, Postfach 1704, 8048 Zürich, 1992.
Illustrationen von Al Leu. ISBN 3-85667-32-2.

ZIRKUS IM GEBIRGE
87 S., Erzählung, geb., Baden 1995 (Ein Zirkus über-
nimmt die Regierung im Hochgebirge, seine Zirkusnum-
mern.) Merker im Effingerhof, Lenzburg. Illustration
von Thomas Holstein. ISBN 3-85648-114-1.

DON JUAN UND ALTER MEISTER
229 S., 31 Erzählungen, (Liebe – Schöne Aussichten – Alterskomödien),Triga Verlag, Herzbachweg 2, D-63571 Gelnhausen 1997, ISBN 3-931559-50-5.

DER AUGENBLICK
324 S., 10 historische Erzählungen (von der Spätantike bis zum Zweiten Weltkrieg), Triga Verlag, Herzbachweg 2, D-63571 Gelnhausen 1999.
ISBN 3-89774-060-5.

DER BERG GEHT ZUM MEER
258 S., Gedichte (mit den Kapiteln: Jahreslauf, Kleine Welten, Die Winduhr, Der Berg geht zum Meer, Park auf der Insel, Tasten im Dunkeln, Unverständliches, Planeten), Pro Lyrica, Postfach 61, 8205 Schaffhausen 2001. Illustrationen von Thomas Holstein.
ISBN 3-907551-24-9.

MÜCKEN
146 S., Kurzprosa in 125 Nummern, (mit Bildern, Fabeln, Geschichten), Nimrod, Fliederstr. 16, 8006 Zürich, 2004. ISBN 3-907149-38-6.

ERSCHIENEN IM OSL VERLAG:

Helen Keller
Zwischen Wicken und Salbei
Erzählung   ISBN 3-9522443-2-5

Barbara Gaugler-Straumann
Bildzeichen – Klangperlen
Lyrik und Bilder   ISBN 3-9522443-3-3

und

Wortnetze weben
Lyrik – deutsch & rätoromanisch
                             ISBN-10 3-9523004-2-X
                             ISBN-13 978-3-9523004-2-8

Gisela K. Wolf
Augenblicke
Lyrik   ISBN 3-9522443-5-X

und

Vogelflüge – Artist-Book
Bilder, Lyrik, Notizen   ISBN-10 39523004-4-6
                             ISBN-13 978-3-9523004-4-2

Freddy Allemann
La Rosière
Eine Kindheit im Thal – Erinnerungen
                             ISBN 3-9522443-4-1

Regine Schafer Mehmann
Der Seelenhund
Erzählungen   ISBN 3-9522443-7-6

René Regenass
Wegmarken
Geschichten   ISBN 3-9522443-8-4

Hilda Jauslin
Joruus – Joryy
Gidicht und Gschichte   ISBN-10 3-9523004-0-3
ISBN-13 978-3-9523004-0-4

Diana Haddad
Le Choix du Ciel
Nouvelles   ISBN 3-9522443-9-2

Katja Fusek
Der Drachenbaum
Erzählungen   ISBN-10 3-9523004-3-8
ISBN-13 978-3-9523004-3-5

Eve Joly
Flügelschlagend durch silberne Nächte
Lyrik   ISBN-10 3-9523004-5-4
ISBN-13 978-3-9523004-5-9

Dr. Anne Wanner, Kunsthistorikerin
Bilder und Objekte von Gisela Wolf
ISBN 3-9522443-0-9

Hilda Jauslin, Edith Schweizer-Völker,
Gisela Wolf
«z Baasel a mym Ryy»
(vergriffen)   ISBN 3-9522443-1-7

Basel, d Fasnacht und dr Rhy
Texte in Dialekt und Hochdeutsch von Hilda Jauslin,
Hummi Lehr, Edith Schweizer-Völker,
Gisela K. Wolf, Zeichnungen Gisela K. Wolf
ISBN 3-9522443-6-8

OSL Verlag Basel
www.oslverlag.ch